LA

CRISE SOCIALE

PAR

LOUIS VALDER

PRIX : UN FRANC

EN VENTE

CHEZ M. J. MADRE, LIBRAIRE

20, rue du Croissant, 20

Paris — 1868

LA

CRISE SOCIALE

Par Louis VALDER

Prix : UN FRANC

Chez M. J. MADRE, 20, rue du Croissant

PARIS

ENVOI FRANCO

A l'approche du conflit général qui semble inévitable, l'auteur de LA CRISE SOCIALE examine la situation politique et morale des peuples européens depuis l'explosion de la question romaine en 1859.

Cette étude est comme le BILAN de l'Europe.

C'est un sujet digne de fixer l'attention des esprits sérieux qui méditent sur l'avenir de leur patrie : des prêtres, des professeurs, des magistrats, des écrivains, des politiques, de tous ceux enfin à qui Dieu a donné la mission de guérir, d'éclairer, de guider les peuples dans les voies du progrès, de l'ordre et de la liberté.

Typ. Seringe Frères, place du Caire, 2.

LA
CRISE SOCIALE

A la veille du conflit général, qui semble inévitable, il est temps pour la vieille société européenne de faire ses comptes. Elle se trouve dans la situation du marchand qui s'est aventuré dans une série d'entreprises brillantes. Quand il sent venir la crise suprême, il ouvre son GRAND LIVRE, balance le DOIT et l'AVOIR pour mesurer le temps qu'il a encore à vivre et les efforts qu'il peut se permettre pour éviter la catastrophe et conserver au moins ce qui lui reste du dangereux mirage de ses espérances.

Ce travail est surtout nécessaire pour la France, parce qu'ayant plus aventuré elle a plus à perdre ou plus à gagner dans le nouvel ordre de choses qui se prépare. Sans doute, la France tiendra longtemps encore le sceptre de la mode et du plaisir ; sa langue possédera longtemps encore la « monarchie » universelle ; mais si notre pays ne retire pas nettement les concessions qu'il a faites à l'esprit césarien en Allemagne et en Italie, gardera-t-il cette glorieuse place que le catholicisme lui avait donnée à la tête des peuples pour être la vaillante avant-garde de l'humanité ?

C'est la question que je me propose d'élucider dans ces quelques pages que j'offre à la méditation des esprits sérieux et préoccupés de l'avenir de notre grande patrie.

C'est une étude sur la situation politique et morale des peuples européens, depuis l'explosion de la question romaine en 1859.

C'est le bilan de l'Europe.

C'est le diagnostic de cette maladie étrange qui du soir au lendemain fait passer l'Occident du marasme le plus complet à la fièvre la plus ardente. On sent la putréfaction, et l'on aperçoit la vie.

N'est-ce pas un cadavre galvanisé ?

Non, sans doute, puisque le Catholicisme vit encore dans les parties saines du grand corps social. Mais, à vrai dire, cette vie surnaturelle semble se retirer de plus en plus aux sources et se concentrer dans le cœur et dans la tête du genre humain, je veux dire : à Rome, dernier rempart de la civilisation chrétienne pour y livrer un combat suprême contre la RÉVOLUTION.

Cette étude ne se recommande au public ni par un nom autorisé, ni par le mérite littéraire. Néanmoins, je n'hésite pas à soumettre cette méditation consciencieuse à l'appréciation des politiques, de tous ceux à qui Dieu a donné la mission de guérir, d'éclairer, de guider les peuples.

Dans les combats de l'erreur et de la vérité, la littérature est une chose plus que secondaire ; car en face d'un ennemi redoutable, on ne regarde pas à l'élégance, mais à la bonté de l'arme qu'on a sous la main. Malgré l'imperfection de cette étude qui fournirait aisément la matière d'un beau livre, je me suis décidé à la publier aujourd'hui sous une forme modeste, parce que, en ce temps de littérature légère, peu de personnes lisent un livre sérieux ; parce que demain, peut-être, le torrent de l'actualité, plus rapide que la vapeur, emportera dans l'oubli les hommes, les œuvres, les événements dont je parle et amènera sur la scène d'autres faits, d'autres écrits, d'autres personnages qui auront seuls pour un jour le privilége de captiver la curiosité publique.

Peut-être suis-je téméraire de prendre part à ces combats de la pensée où se mêlent tant de nobles et vigoureux esprits. Mais j'ai une excuse dans la sympathie que j'éprouve pour les défenseurs de l'Église et pour les augustes victimes du césarisme et de la révolution, pontifes, rois et peuples. Leur malheur m'attire invinciblement dans les rangs actifs de l'armée catholique, sous la bannière des cléricaux, puisque ce nom de clérical résume aujourd'hui L'AUTORITÉ DU DROIT ET LA LIBERTÉ DES PEUPLES.

Je veux affronter les sophismes, les dédains, les colères et les injures des libres-penseurs, puisque ce nom résume, aujourd'hui comme toujours, la RÉVOLTE CONTRE DIEU ET CONTRE LES LOIS, LE DROIT DE LA FORCE, LA LÉGITIMITÉ DU FAIT BRUTAL ET LA SAINTETÉ DU CRIME, QUAND IL EST HEUREUX.

Fais ce que dois, advienne que pourra.

Nous assistons à un spectacle grandiose à force d'être effrayant. Il s'agit de savoir si la Révolution flanquée de toutes les forces de la matière, engloutira la société dans les abîmes qu'elle a creusées ; ou bien si l'Église, par sa seule force divine, l'asseoira sur de nouvelles bases, sur la Science et sur la Foi, sur l'Autorité et sur la Liberté, en lui donnant les splendeurs de la Matière et les splendeurs plus belles de l'Esprit.

Dieu demande son concours à l'homme, mais il n'en a pas besoin ; car lui seul fait triompher son Église. Si le combat est nécessaire, s'il est désastreux pour un certain nombre, la victoire est assurée aux enfants de Dieu sur les enfants des hommes. Après bien des larmes et du sang répandus, l'Église a vaincu les fureurs du Mahométisme ; elle a usé la fougue impudente et grossière de Luther ; elle a guéri la fièvre sanguinaire des bourreaux de 93 ; comme elle avait usé la rage des proconsuls et des Césars, la hache des licteurs et la dent des tigres, en priant dans les Catacombes et en mourant au Colysée.

Grâce à Dieu, nous sommes loin de ces temps horribles. Malgré la décadence religieuse et morale que l'Europe subit visiblement au milieu de ses splendeurs matérielles, je ne pense pas qu'un nouveau paganisme rêvé par les sectes révolutionnaires nous envahisse jamais complétement. Le Catholicisme est le sel de la terre ; il empêchera toujours une complète putréfaction de dissoudre la société. Cependant de graves dangers la menacent. La Révolution, çà et là, s'est alliée au césarisme. Elle espère briser l'instrument, lorsqu'elle l'aura fait servir à renverser les institutions catholiques ; mais en attendant elle l'aide à rétablir l'empire païen qui fut le rêve des Césars de la Germanie.

Par leur résistance héroïque les Papes nous délivrèrent d'un despotisme qui menaçait d'implanter au cœur même de l'Europe le régime des sultans du Caire et de Bagdad. Car les querelles du Sacerdoce et de l'Empire n'eurent pas les motifs vulgaires que supposent des historiens à courte vue. Les destinées de l'Europe et du monde se jouaient dans ces luttes séculaires et malheureusement trop sanglantes qui reparaissent aujourd'hui avec quelques variantes et sous d'autres prétextes. L'Eglise, dans la personne de ses Évêques et du Souverain-Pontife, devait-elle rester indépendante, conserver le sceptre des âmes pour maintenir la civilisation chrétienne et l'autonomie des peuples dans l'unité de la république spirituelle ? Ou bien les Empereurs d'Allemagne devaient-ils ramener l'idée païenne de Néron et de Tibère ? Et dans ce but, devaient-ils réduire les Évêques et le Pape au rôle des Imans et des Derviches? Devaient-ils réussir par la corruption, l'astuce et la violence à faire des successeurs du Christ et des Apôtres les serviteurs complaisants du gouvernement personnel, les consécrateurs du bon plaisir impérial, les vils instruments de leur domination universelle? En d'autres termes, la formule libérale du pouvoir chrétien :

« *Le roi est le serviteur de la nation,* »

Devait-elle faire place à la formule tyrannique du pouvoir païen :

« *L'empereur est la loi vivante qui comprend tous les*
« *droits possibles; l'empereur est l'auteur de la loi et il n'y*
« *est tenu qu'autant qu'il le veut bien; le bon plaisir de*
« *l'empereur est la règle du droit* (1)? »

Tels étaient les problèmes qui s'agitaient et qui se posent de nouveau sous une autre forme dans l'éternelle question romaine.

Heureusement l'Église, par la seule énergie divine de la Papauté, sortit victorieuse de ces luttes formidables, dans lesquelles les despotes allemands menaçaient la liberté de Rome et du monde. Les historiens gallicans ou libres-penseurs méconnaissent, pour la plupart, cet immense bienfait des papes et témoignent de chaudes sympathies aux tyrans vaincus par la puissance spirituelle; mais l'histoire impartiale adopte enfin, comme le dernier mot de l'infaillible justice, cet hommage que le protestant Jean de Müller rend à la Papauté touchant ces luttes mémorables des deux pouvoirs :

« *Sans les papes Rome n'existerait plus. Les Grégoire, les Alexandre et les Innocent opposèrent une digue au torrent qui menaçait d'envahir le monde entier; leurs mains paternelles fondèrent la hiérarchie et à coté d'elle la liberté de tous les États* (2). »

(1) Godefroy de Viterbe. Chroniq. part. 17. — Dans *Baronius*, an 1111, nº 25.

(2) *Voyages des Papes*, pages 16 et 69.

Les prétentions des Césars Gibelins furent reprises, mais en vain, sous Philippe-le-Bel.

Vint le Protestantisme, qui transporta aux rois de Suède, d'Angleterre, d'une partie des États allemands, la puissance spirituelle de l'Église et jeta les bases d'un despotisme presque toujours hypocrite et corrupteur, parfois brutal et sanglant. Sans la France, sans l'Espagne, sans l'Autriche, et surtout sans la résistance des pontifes romains, l'Europe entière serait aujourd'hui sous le régime spirituel de la caserne et du sérail, des sbires et des prétoriens, du knout et du sabre.

Cependant l'idée païenne séduisit un peu Louis XIV et beaucoup Joseph II. Ils s'efforcèrent d'entraîner l'Église, comme un satellite docile, dans les sphères de la monarchie absolue ; mais ils n'y réussirent pas complétement, car la monarchie des Hapsbourg et surtout celle de Saint-Louis étaient encore trop profondément catholiques.

Ce système sécularisateur que les rois avaient préparé, sans en prévoir les désastreuses conséquences, la Révolution française l'acheva, non pas au profit d'une dynastie, mais d'une centaine de sanguinaires proconsuls. On sait comment Dieu a sauvé l'Église et le monde d'une domination universelle fondée sur la force et l'hypocrisie; comment Dieu tira l'humanité des serres de la Révolution déchaînée d'abord et domptée ensuite sous la main du plus puissant de ses exécuteurs testamentaires.

La guerre recommence aujourd'hui entre l'esprit et la matière ; entre la liberté de l'Église et le despotisme des rois ou de la démocratie ; entre l'indépendance des peuples et l'unification violente, délire des Césars....

Chose étrange ! ces mêmes hommes qui revendiquent l'autonomie de la Hongrie, de la Pologne, de l'Irlande, des Grecs, laissent écraser les peuples libres de la confédération allemande, livrent les principautés italiennes au joug de Victor Emmanuel, en attendant celui de Mazzini, prélude de la démagogie universelle. En haine de l'Église et de la Papauté, ils ne craignent point de s'infliger la honte d'une contradiction infâme. Mais ils ont beau dire et beau faire, c'est la résistance du *pouvoir temporel* des papes, dernière forteresse des libertés catholiques, qui sauvera le droit des peuples faibles et préservera peut-être les forts des conséquences fatales de leurs fautes.

Le Catholicisme est le Palladium de la Liberté, *le Pape est après Dieu le dernier refuge du monde.*

Le ciel est menaçant, l'horizon est plein d'orages et l'on se prend à désespérer du côté de la terre, lorsqu'on voit à quel point les rois sont aveugles ou séduits, à quel point le matérialisme, l'indifférence religieuse et l'amour des jouissances affaiblissent la conscience des peuples et les préparent à subir sans résistance le joug de la force ou bien à se laisser emmaillotter dans les filets puissants des tartuferies politiques.

Qui oserait dire que la société n'est pas atteinte au cœur d'un mal profond?

Les notions du vrai s'obscurcissent, l'honnêteté publique s'altère, une fausse modération sous le nom de tolérance diminue toutes les vérités, soit en elles-mêmes, soit dans leur application sociale ; l'amour du beau s'éteint ; la pratique du bien s'affaiblit, et les âmes ne distinguent plus le juste de l'injuste, le droit impérissable du fait heureux avec l'instinct rapide, sûr, presque infaillible que donnent la foi et la volonté chrétiennes, avec le courage de défendre la justice et de mourir pour elle.

L'Europe va porter en Chine les lumières d'une civilisation plus avancée, la liberté civile et religieuse ; tandis qu'au sein même de l'Europe germe, pour un avenir inconnu, l'esprit même de la Chine avec la bureaucratie des mandarins et l'absolutisme imperturbable d'un Fils du ciel. Juste punition de nos discordes incessantes entraînant fatalement les réactions de la force aveugle, presque toujours doublée d'hypocrisie !

La Révolution s'agite ; le serpent réunit ses tronçons coupés dans l'ombre et dans les rues par le sabre ; il reprend la vie ; elle se manifeste, cette vie sinistre, par les sifflements de l'athéisme, du matérialisme, de la libre-pensée, d'une littérature mercenaire et corruptrice.

Mais si la secte triomphe, si elle fait prévaloir la doctrine des faits accomplis, l'unification violente des peuples ; si elle enlève à l'Église sa royauté temporelle, ce chef-d'œuvre de la France royale sur lequel la Providence avait assis l'indépendance et la grandeur terrestre de son Vicaire ; si la Révolution réussit à bannir l'évangile de la politique, des lois, de l'école, de la littérature et des arts ; c'en est fait des foyers et des patries ; rien ne les préservera d'un despotisme universel, enfant logique des folies révolutionnaires.

Du reste le torrent grossit à vue d'œil ; il descend de la montagne dont le sommet se cache dans les brouillards politiques. Vainement les rois lui opposeront une digue de préfets, d'agents de police et de soldats. Nous savons ce que deviennent ces digues imposantes.

De temps en temps la vague enflée par la tempête fait un bruit plus sinistre qu'à l'ordinaire ; alors l'effroi s'empare des populations riveraines ; chacun se précipite vers la jetée superbe pour voir si elle est sérieusement menacée, et lui prêter au besoin le secours de ses bras. Mais rien n'indique une rupture prochaine ; la science a sondé le rempart fait de main d'homme ; la science en affirme la solidité ; tout le monde partage la confiance de la science et chacun se retire pour se livrer à ses affaires, à ses plaisirs, à son repos. Cependant le flot s'est infiltré par une fissure qui avait échappé aux investigations de la science ; il a miné les profondeurs de la digue ; elle éclate, elle est rompue, elle est dispersée, et bientôt les maisons, les moissons, les troupeaux et les habitants sont emportés dans la plaine changée en une mer furieuse....

C'est l'histoire de 1830 et de 1848.

C'est pendant les orgies de la décadence romaine que se formaient mystérieusement dans le désert les hordes barbares qui devaient écraser l'empire sous les pieds des chevaux ; c'est pendant les orgies de la Régence et de Louis XV que l'athéisme lettré, le matérialisme élégant minèrent les fondements de la société chrétienne et firent rouler le trône et l'autel dans la fange et dans le sang.

Comme dans l'ordre physique, les mêmes causes amènent les mêmes effets dans l'ordre moral.

Tout le bruit qui se fait autour du trône pontifical et du nom de Voltaire, devrait nous faire trembler ; car c'est un nouvel enfantement du paganisme. La Renaissance en fut la première tentative et la première transformation ; le dix-huitième siècle en fut la seconde incubation ; il enfanta la Déesse-Raison et le bourreau son pontife.

La Renaissance et Luther, le dix-huitième siècle et Voltaire, la Convention et l'abolition du culte chrétien, Napoléon Ier et la captivité de Pie VII, tout cela se tient par des liens invisibles qui viennent de l'orgueil et aboutissent tous à la révolte contre Dieu ; c'est au fond la civilisation païenne, le régime brutal, brillant et fangeux qui réussit le plus complétement à chasser Dieu de son sein.

Malgré les modifications apportées aux institutions humaines par l'expérience des siècles, il y a une ressemblance effrayante entre ces phases de l'histoire, ces civilisations plus ou moins païennes et la civilisation matérielle dont nous sommes si stupidement fiers. Planons au-dessus de l'amour propre national ; élevons-nous dans ces régions calmes et sereines où l'on n'entend plus le bruit de la terre ; n'arrêtons exclusivement nos regards sur aucune nation en particulier pour ne blesser personne par nos jugements sévères ; mais considérons l'ensemble des peuples européens ; aussi bien sont-ils tous, ou à peu-près tous, coupables des mêmes fautes et menacés des mêmes dangers. Etudions sommairement et de haut la société contemporaine où çà et là la force hypocrite réalise ou rève une brutale unité, où presque partout la corruption dore la servitude ; ne voyez-vous pas dans ce tableau une partie des hontes de l'Empire Romain ?

L'Empire Romain que l'Évangile nomme si bien la bête immonde aux dents de fer et aux griffes de bronze !

Vous savez ce que fut ce régime ; mais laissez-moi le redire à grands traits pour ceux qui l'ignorent et à ceux qui ne veulent pas s'en souvenir. Il est bon d'ailleurs de rappeler de temps en temps à Rome, à l'Italie, l'abîme d'où la Papauté les tira ; c'est le meilleur moyen de confondre l'ingratitude et de révéler la folie des sectaires qui, dédaignant la Croix, maudissent le sceptre pontifical, tournent leurs espérances vers un passé dont la gloire brutale ne peut point racheter les malheurs et les ignominies.

J'omets le côté purement moral; une plume chrétienne n'oserait reproduire les nudités effrontées s'étalant partout, les impudentes obscénités, les impiétés ineptes de la littérature et du théâtre, la molesse des caractères, le goût des jouissances, la famille dissoute par le divorce, l'adultère, les crimes contre nature, la débauche du célibat. Laissons de côté la cupidité publique entretenue par la multiplicité des emplois et l'énormité des salaires ; l'univers entier délaissant les nobles travaux de l'agriculture pour courir dans les villes les chances d'un commerce facile et d'un péculat, si ce n'est lucratif pour tous, du moins fécond en promesses. Rappelons en passant l'histrion et la danseuse recevant, comme aujourd'hui, chaque année, des sommes qui suffiraient à la dot de vingt filles honnêtes ; n'oublions pas la corruption fomentée par les maîtres, ni la dissolution nourrie par les fêtes du despotisme toujours empressé à voiler la servitude et à distraire des projets et du joug de la tyrannie. Tristes conséquences de l'oubli des traditions religieuses et nationales !

Mais arrêtons-nous au côté purement politique et civil de la société païenne que la Révolution voudrait rétablir sur les ruines de la société catholique.

Pendant que les institutions sociales s'absorbaient dans une centralisation écrasante, dans la force d'une puissante unité exerçant partout à la fois son empire par l'or et par la corruption, par les plaisirs et par les prétoriens, l'activité municipale, les droits des provinces et des peuples conquis se dissolvaient dans un égoïsme universel, fruit de la méfiance et de l'isolement général. Dans cette dissolution sociale, l'oppresseur pouvait être impunément fourbe et brutal, corrompre et acheter les consciences, confisquer des fortunes princières au nom de l'État et envoyer sans jugement, en exil et à la mort, tous ceux qui laissaient éclater les regrets d'un passé glorieux dû à la liberté.

Les sages cherchaient un remède et n'en trouvaient point. Quel concours en effet pouvait apporter à la régénération sociale une littérature sans croyance, et qui d'ailleurs, aux jours de sa virilité brillante, s'était lâchement prêtée à consolider l'Empire en célébrant la clémence d'un Auguste? Que pouvait-on espérer d'une philosophie qui se demandait : *Où est la vérité? Qu'est-ce que la vérité? Y a t-il une vérité?*

Que pouvait-on attendre d'un Sénat qui ne représentait plus rien, si ce n'est les hontes impériales? D'un Sénat qui aurait été capable de trouver infiniment avantageux à l'Empire le désastre de Varus, s'il avait plu à l'Auguste Empereur de le représenter comme tel à la Ville et au Monde?

Le Sénat! mais pour ne point parler du turbot à la sauce piquante, n'acclamait-il pas avec frénésie, ne proclamait-il pas *cinquante, deux cents, sept cent trente-trois fois* incomparable et grand homme un idiot dont la mère avait coutume de dire pour donner la mesure d'un sot : « *Il est bête comme mon fils Claude.* »

Le Sénat! mais pour ne point parler du cheval de l'Empereur élevé au Consulat, ne mettait-il pas au rang des génies et des dieux ce même Claude, ce gros Augustule qui soulevait d'interminables débats, s'endormait au milieu de la discussion et puis se réveillant en sursaut disait au tribunal : « *Je donne gain de cause à celui qui a raison!* »

Le comble de l'ignominie ce n'est ni Néron, ni Caligula, ni Héliogabale; il y avait une certaine grandeur dans l'audace de leurs crimes et de leurs débauches, dans ce mépris impérial qui bravait l'univers entier; le dernier degré de la honte pour Rome, l'Italie, le monde asservi, c'est CLAUDE, la bêtise couronnée livrée aux risées de l'Empire qui lui obéit sans peine et qui le déclare un *Dieu immortel.*

Que pouvait être le peuple sous un pareil régime?

Les esclaves eurent un Spartacus; le peuple, rien. Toute sa vie sociale consistait à rendre hommage au despote pendant son règne et à l'outrager dans sa chute. Comme la France et la Russie au dix-huitième siècle, siècle des libres-penseurs, il souffrit sur le trône Messaline et la courtisane Poppée; il en vint à idolâtrer, à côté d'Antonin et de Marc-Aurèle, des impératrices qui n'étaient que des prostituées; il laissa s'établir comme une institution sociale le métier de délateur devenu le plus lucratif; il vit sans frémir les plus hautes majestés de la terre prendre part aux indécentes réjouissances des Lupercales et donner le signal des applaudissements aux représentations théâtrales qui outrageaient la morale, la nature et les dieux. Ainsi corrompu par ses maîtres, habitué aux faits accomplis, voyant la pourpre de la veille changée, le lendemain, en sanglant linceul; le sceptre impérial remis à la main qui n'avait su que tenir un poignard; le trône occupé par celui qui n'avait su que conspirer dans l'ombre; ce peuple, si l'on peut appeler un peuple ce ramassis d'esclaves, n'ayant rien pour quoi il sut combattre et mourir, abandonna tous ses droits politiques, les orages vivifiants de la Tribune et du Forum, pour le commerce usuraire, pour les honteuses distractions du cirque et du théâtre et finit par trouver naturelle l'élection d'un Dace, d'un Goth, d'un monstre, d'un lâche efféminé, d'un parvenu pourri de voluptés, du premier venu enfin, qui, aidé par quelques prétoriens en débauche, osait faire un coup d'État, ou plutôt une révolution militaire, jouer à pile ou face le sceptre d'Auguste ou la hache du bourreau.

La vie politique et civile de Rome païenne peut se résumer en quelques traits.

Les Césars, Brutus de la veille, traitaient l'humanité plus ignoblement que la belle esclave vouée pour une nuit à leurs plaisirs; et le peuple se résignait lâchement au joug des prétoriens; que dis-je? il n'en sentait ni la pesanteur, ni l'infamie, comme s'il avait reconnu un dogme social dans cette parole de Lucain, expression de désespoir et d'amère ironie : « *Paucis humanum vivit genus. Le genre humain est fait pour un petit nombre d'heureux.* » Le poëte aurait dit plus justement que le genre humain vivait pour un seul; car, ainsi qu'on l'a dit cent fois, tout l'univers était dans Rome, et Rome dans César!

Le Sénat, gardien naturel des traditions et des droits publics, tremblait plus encore que la plèbe, parce qu'il était plus près de la foudre capricieuse du maître; il se laissait plus complaisamment avilir et mettait en pratique la science politique du siècle burinée en cinq mots par le style acéré de Tacite : « *Corrumpi et corrumpere seculum vocant; se laisser corrompre et corrompre à son tour, c'est ce qu'on appelle être de son siècle.* »

Mais tandis que le peuple et le Sénat rampaient autant que possible devant le maître, de peur de rencontrer en levant un peu trop la tête une corde ou un poignard; tandis que Rome s'abaissait toujours davantage, sans jamais réussir à trouver le niveau des bassesses impériales; Dieu suscita de temps en temps quelques âmes d'élite fidèles aux traditions de l'honneur, de leurs aïeux, de leur patrie. Dans cette nuit épaisse Dieu alluma quelques astres brillants, afin que l'humanité, dans ses décadences les plus honteuses, ne désespère jamais d'elle-même. C'est ainsi que le monde, malgré sa folie ou son sommeil, dans le bruit de ses triomphes et de ses orgies, put entendre les Pasteurs du Vatican et les martyrs de l'Amphithéâtre, les protestations énergiques d'Athénagore, de Justin, de Tertullien, de l'avocat Minutius Félix, héritiers de l'éloquence antique; tandis que dans l'ordre purement humain Tacite et Juvénal flétrissaient la corruption universelle descendant du trône des Empereurs jusqu'au bouge de Messaline.

Mais, plus courageux que les premiers Romains, les chrétiens : des prêtres, des vieillards, des esclaves, de jeunes mères, des vierges, des enfants, protestèrent plus énergiquement et surtout plus efficacement que les conspirateurs républicains non point en prenant les armes, mais en donnant leur vie.

L'épicurien, le sceptique, le stoïcien même riaient, passaient indifférents devant cet enthousiasme religieux, ce fier redressement de la dignité humaine. Parfois même la philosophie mêlait sa voix à la sentence des proconsuls, aux cris de mort des égorgeurs; la plèbe lâchait les lions et les tigres contre ceux que les sophistes lui désignaient comme les ennemis de la patrie; mais après dix-huit siècles le monde bénit encore ces martyrs du Christ, ces héros de la civilisation et de la liberté.

Comme toujours, comme aujourd'hui, l'âme de cette lutte héroïque, de ce mouvement pacifique et salutaire à la fois, résistant et irrésistible, c'était un pontife, un vieillard désarmé dont le trône paternel s'élevait dans les Catacombes au milieu des glorieux cadavres de ses enfants calomniés, maudits, assasinés par leurs ingrats concitoyens. La victoire coûta à l'église plus de dix millions de martyrs et plus de vingt papes : mais elle ne fut pas achetée trop cher, si l'on considère les résultats. Car elle abolit l'horrible théocratie de la matière dont la Russie, la Perse, l'Angleterre, la Suède, la Turquie ont gardé ou ressuscité quelques débris ; cette théocratie qui pourrait donner pour Pontife-Roi à tout un peuple, un soldat artiste, littérateur et cocher taillé sur le patron de Néron, de Julien l'apostat et de Frédéric II, padichahs sanguinaires et despotes troubadours.

A la chute de ce régime brutal apparut celui des PASTEURS DU VATICAN, pères des âmes et sauveurs des peuples. Ils établirent le règne de l'esprit sur la matière, la liberté du bien, l'empire de la vérité, comme Tertullien les demandait au Sénat de Rome, comme de nouveau nous les demandons aujourd'hui, non pas pour une caste, pour une école, pour un parti, pour un peuple, mais pour toutes les nations, certains d'avance du triomphe pacifique et bienheureux de la puissance spirituelle.

Mais je parle de victoire et probablement nous sommes à la veille d'une grande défaite.

Le trône pontifical, dernier rempart des libertés civiles et politiques est attaqué de front et miné en même temps par une secte païenne plus vile et plus redoutable que toutes celles qui l'ont précédée. Le Césarisme reprend sa vitalité qu'il révèle par ses œuvres sanglantes en Allemagne et dans la Pologne. L'Italie qui se transmet d'âge en âge le rêve des Césars, comme dans certaines familles on se transmet le crétinisme ou la folie, l'Ausonie, dis-je, a commencé par la spoliation, par la trahison, par l'incendie des villes, et elle consommera bientôt, peut-être par les mêmes moyens, cette unité brutale qui fut le délire et la honte des Gibelins. Il est vrai que César n'est, je le répète, qu'un instrument pour arriver à la République, un brillant mannequin que la secte promène en triomphe pour cacher la statue de l'impudente déesse coiffée du bonnet rouge ; elle se débarrassera de César par les procédés que chacun sait, lorsqu'elle aura franchi son Rubicon et conduit son armée au Capitole.

Mais vain espoir ! l'Italie en s'éloignant de la croix pontificale n'arrivera jamais aux libertés romaines. On ne fonde rien sans Dieu, on ne joue pas avec sa foudre. L'Italie s'arrêtera à Catilina, si ce n'est à Octave ; ou bien si elle est condamnée à garder les Césars, elle n'aura que des Augustules. Car plus on s'éleva sur les sommets de la civilisation chrétienne, plus la chute est profonde et lamentable, quand on glisse sur la pente des précipices : *Corruptio optimi pessima.*

Nous assistons au renversement complet de toutes choses ; la Révolution est dans les esprits, demain elle sera accomplie dans l'ordre des faits.

Le Czar sabre, opprime et déporte en Sibérie l'héroïque Pologne et l'Europe ne se lève point comme un seul homme pour châtier le conquérant, et ce despote qui égorge les chrétiens pour convertir ceux qu'il épargne se fait au nom du Christ le protecteur des chrétiens d'Orient. Et cet homme ne tombe pas sous le mépris universel que devrait inspirer une si honteuse dérision.

Un homme qui vendrait aux États-Unis les plus riches lambeaux de sa patrie pour faire triompher son ambition personnelle, Juarez assassine avec la férocité du jaguar et le calme d'un légiste un Empereur établi par une puissance belligérante et par le plébiciste mexicain, un Empereur reconnu de tous les gouvernements, sauf de la république américaine trop intéressée à maintenir le Mexique dans les déchirements et l'impuissance qui doivent le lui livrer un jour. Ce bourreau qui n'est dépassé que par Lopez fait reculer par un régicide le droit des gens au-delà de la civilisation païenne ; c'est-à-dire jusqu'au droit sanguinaire des tribus sauvages dont il descend et qui scalpaient leurs ennemis vaincus ; et les nations chrétiennes n'ont pas combiné leurs flottes pour renverser ce gouvernement de sang, pour laver dans le sang des assassins ce défi d'un barbare à la majesté des peuples civilisés ! L'Europe monarchique s'est inclinée devant les prétentions brutales de la démocratie américaine qui n'a d'autres principes que son intérêt !... Plaise au ciel que le sang de cet Empereur ne retombe pas sur ceux qui l'ont versé, sur tous ceux qui devant punir ce crime ne l'ont pas voulu, ne l'ont pas osé !

L'Italie avait des souverains pacifiques et paternels ; la Révolution les a chassés, leur crime était d'être catholiques. L'Europe laisse faire ou applaudit ! Pie IX la douce victime est le tyran ! Le fuyard de Monte-Rotundo, Garibaldi est un héros et Victor Emmanuel, orné de Castelfidardo et de quatre couronnes usurpées, est un galant homme !

L'Allemagne vivait tranquille, prospère, puissante dans la diversité des peuples et l'unité fédérale de la grande patrie ; *O Vaterland !* un successeur d'Albert le Renard commence une brutale unité, soi-disant au nom des aspirations populaires. Mais après la victoire de Sadowa, Bismarck supprime l'appel au peuple comme un *truc* dont on n'est pas sûr encore en Allemagne, et il achève la première phase de

L'EMPIRE PRUSSIEN,

par le droit irrésistible du fusil à aiguille et par la voix sans réplique du canon rayé. — Un peu de *mécanique* et un peu de *chimie* ont fait sauter la vieille confédération. —

Que des rois osent tenter de pareils crimes, cela n'a rien d'étonnant : ce n'est pas de ces aigles qu'on peut dire : — *Ils ne se mangent point entre eux.* Mais que la presse démocratique applaudisse à la chute des peuples libres, voilà des symptômes effrayants de décomposition sociale et en tout cas des mystères que l'histoire seule pourra, peut-être, nous expliquer entièrement. Je dis entièrement, car au milieu des énigmes de la question allemande, on peut entrevoir clairement un motif aux sympathies que la presse démocratique témoignait naguère à la Prusse, c'est qu'elle est protestante. Or, il est convenu, entre libres-penseurs, que le Protestantisme est libéral.

La Révolution est conséquente, elle renverse l'histoire par le mensonge ; elle vilipende, elle détruit le passé pour bâtir à son gré l'édifice social rêvé dans ses délires. Mais dans les affaires d'Allemagne comment expliquer la conduite de l'Europe et de la France ?

L'Europe voit grandir tout d'un coup au milieu du continent une nation qui se souvient de l'EMPIRE GERMANIQUE et qui connaît les traditions des félons et des apostats ses premiers maîtres ; et l'Europe laisse faire ou applaudit en haine de l'Autriche catholique.... L'Europe mérite une visite des Cosaques et des Tartares, puisqu'elle laisse tomber ou du moins affaiblir le dernier rempart qui les sépare de l'Occident.

La France voit se former, sur sa frontière ouverte par trois vallées, un peuple puissant et brutal qui conserve encore le fiel d'Iéna et l'enivrement de Waterloo, la victoire des hasards divins ; et une moitié de la presse française, séduite par l'insolent étranger, aide à cette œuvre inique en se moquant des alarmes du parti conservateur et clérical.

Ah ! vous faites bien disciples de Voltaire ! Votre maître applaudit, lui aussi, aux victoires des Prussiens ; il outragea sa patrie vaincue ; ce père des démocrates fut chambellan de Frédéric ; ce libre-penseur l'appelait son *Roi*, son *Dieu*. Catherine était sa *déesse*, son *idole* la prostituée impériale ! Les disciples ne sont pas au-dessus du maître ; étalez sur vos poitrines les étoiles de l'ordre prussien et les croix de saint Lazare, c'est votre juste récompense ; vous êtes dignes d'accomplir cet oracle du plus vil des libres-penseurs français :

« *Le règne de la Prusse à la fin est venu !* »

Un peu plus de Rhin pour la France, point !

Elle ne pourrait, peut-être, l'avoir qu'en sacrifiant à la Prusse tous les peuples libres de l'Allemagne, l'Orient à la Russie, Rome à la Révolution, trois hontes et trois abîmes.

Voilà les conséquences de la politique inaugurée par Cavour et secondée par les libres-penseurs ; l'Europe s'est laissée prendre par un coin du manteau ; elle y passera toute entière : c'est impitoyable comme un laminoir.

S'il est un pouvoir consacré par l'histoire et par ses bienfaits, c'est la royauté temporelle des papes.

Ici que de mystères !...

Au début de la guerre entreprise pour l'indépendance italienne, dont je reconnais la justice, de solennelles promesses avaient garanti l'intégrité des ÉtatsPontificaux. Or, quand nous sommes revenus de l'étourdissement de la bataille et du triomphe de Solférino, que voyons-nous? Le sang de cinquante mille français catholiques affranchit l'Italie et ne peut empêcher Victor Emmanuel de prendre les trois quarts des États du Pape. Intervention pour Victor-Emmanuel, non-intervention pour Pie IX. Mystère !

La France, satisfaite de ses victoires, en déplore les résultats sacriléges et laisse triompher l'iniquité. Mystère !

On accuse le Pape de ne pouvoir se défendre lui-même ; et quand un général français, familier de la victoire, lui donne une héroïque armée, on la lui assassine au plus vite, sans déclaration de guerre en face d'une armée française dont il aurait suffit, dit-on, et je le crois, de détacher quatre hommes et un caporal pour arrêter l'envahisseur. Sanglant mystère !

Il est vrai que l'armée piémontaise invoque une circonstance atténuante ! Elle ne voulait passer à travers les Romagnes que pour intervenir dans le royaume de Naples entre Garibaldi et François II ; et en effet, Cialdini intervint si à propos qu'il sauva Garibaldi d'une déroute complète, et que Victor Emmanuel entra dans Naples en triomphe, menant dans sa royale voiture le susdit Garibaldi qui lui fit cadeau de Naples et du royaume des Deux-Siciles. O galants hommes ! O mystères !

Et la France... mais non, la presse démocratique trouve des applaudissements pour ces actes qui feraient horreur à des sauvages ; et l'Europe reste insensible à ces sanglantes violations du droit des gens qui, au moyen-âge, auraient soulevé une croisade chevaleresque. O hontes ! O mystères !

On sait à Berlin et à Florence combien ces applaudissements ont coûté.

Je ne dis rien de la Convention de Septembre, si ce n'est qu'au-delà des Alpes on la traite de pure phraséologie ; ce qui fait craindre aux catholiques qu'un autre mystère, sortant des profondeurs politiques, ne mène au Capitole la royauté qui a pris en main les rênes de l'Italie révolutionnaire, si bientôt la banqueroute ne la précipite au fond des abîmes que Cavour et Garibaldi lui ont creusés.

C'est l'un ou l'autre et peut-être tous les deux.

Andremo al fondo !

L'Italie a demandé Rome. La France lui a répondu par les merveilles du Chassepot et par le grand JAMAIS de M. Rouher. *Jamais !* Puisse mon pays monter une garde vigilante autour de ce solennel et glorieux *jamais !* Qu'il se souvienne de Castelfidardo et des mystères florentins qui sont allés honteusement finir à Mentana. Nous comptions sur la reconnaissance de l'Italie ; elle nous payera peut-être le sang de Montebello, de Magenta, de Malegnano, de Solférino, en nous mettant par son alliance avec la Prusse dans la position de l'Autriche à Sadowa.

Pour nous priver de l'intervention de l'Espagne à Rome dans le grand conflit qui pourrait s'engager, la Révolution mine tous les jours le vaillant pays de Pélage, la seule grande monarchie où le Catholicisme est encore la religion de l'État. La Révolution ne sera satisfaite que le jour où elle implantera dans la patrie de Ferdinand et d'Isabelle, l'athéisme politique. C'est le rêve délirant de la révolution. Il suffit pour s'en convaincre d'entendre les hourras frénétiques qu'elle pousse partout où elle règne, partout où elle conspire, mine et rampe; il suffit d'entendre ses cris de triomphe depuis qu'un descendant des Hapsbourg, oubliant sa couronne apostolique, a signé les lois confessionnelles. C'est l'arrêt de mort de l'empire d'Autriche. Car le Catholicisme était le seul lien qui put relier dans l'unité fédérale treize ou quatorze peuples d'origine et de prétentions diverses. L'Empire des Hapsbourg s'est livré aux tartuferies de la libre-pensée. L'Autriche est à l'agonie. La Gallicie sera dévorée par le monstre panslave. L'Autriche proprement dite rentrera dans l'Allemagne ou plutôt entrera dans l'Empire prussien; la Hongrie se rendra indépendante en attendant les chaînes, le knout et le sabre du tartare de Pétersbourg; la Bohême sera un jour la pomme de discorde de l'Allemagne et de la Russie; la Prusse et l'Italie se partageront le Tyrol.

Tel est le bilan probable de l'Autriche, si Dieu la livre aux conséquences de ses fautes. Elle n'a pas voulu, en restant catholique, se préparer à barrer le passage à la Russie en marche vers Constantinople, en s'emparant au jour propice des bouches du Danube; l'Autriche mourra dissoute par la Révolution.

En présence de tant d'abîmes que fait la France? Elle veille comme la sentinelle l'arme au bras. Mais les engins de la force ne suffisent pas pour sauver les peuples de la ruine morale qui précède toujours les ruines politiques.

Le drapeau des intérêts catholiques, hardiment arboré, fit toujours et partout la force et la grandeur de la France. Non-seulement elle l'oublie, mais elle souffre que la cohue des libres-penseurs, vilipende le droit et les croyances qui firent toute la gloire de sa littérature et de sa politique. Le ridicule et la calomnie, les journaux et les romans, la sculpture et la peinture, la gravure et la caricature, le drame et l'opéra, tout conspire à outrager le Catholicisme. On le traîne et onle siffle sur les tréteaux des danseuses, cette exhibition de chairs à vendre.

Mais quand l'impudent Giboyer va en mission démocratique, soldats et gendarmes, alguazils et sergents, arme au bras! protégez la liberté de l'outrage contre les sifflets des catholiques indignés. Catholiques ! l'Evangile vous défend de manier la seringue d'Aristophane ! Tant pis pour vous ! Souffrez qu'on vous lance au visage quelque chose de pire que le vase de la femme de Socrate et ne sifflez point ; ou bien, la liberté vous empoignera au collet et vous mettra au corps-de-garde... Vive la liberté !

Lorsque le mal, porté à sa plus haute puissance, parvient non-seulement à provoquer les applaudissements des sophistes accompagnés d'une foule ignorante, mais encore à obtenir la tacite indulgence des maîtres, au nom de la liberté ; à commander mêmes aux opinions contraires un certain respect extérieur, au nom de la modération et de la tolérance, il est évident que les peuples n'ont plus de convictions et qu'ils sont mûrs pour l'esclavage. Ils sont à vendre et les acheteurs ne manqueront point. Alors tout homme qui aime son pays a le devoir de crier : *Prenez garde ; vous glissez vers l'abîme.*

Déjà nous le côtoyons et nous avons les yeux bandés. Je n'ignore pas l'espoir qui se fonde sur une tête auguste. Mais l'autorité se fondera-t-elle aussi définitivement sur la terre française couronnée par cette liberté tant désirée et tant promise? Ce problème, qu'il faut bien nécessairement poser, même quand on est optimiste, révèle précisément la grandeur du danger, la gravité de la crise que nous traversons; car depuis soixante-dix ans cinq gouvernements l'ont posé dans les mêmes termes et l'ont déclaré résolu à leur profit avec la même confiance, démentie le lendemain par des catastrophes. Il est posé pour la sixième fois. Dieu m'est témoin que je le voudrais résolu dès maintenant et définitivement à l'avantage de l'Église, de la France et de la dynastie impériale.

Mais ma raison se refuse à croire qu'un homme, fut-il un saint et un génie, remplace une vie nationale, une constitution œuvre des siècles, des institutions libres enracinées dans les mœurs publiques. Or, qu'avons-nous à opposer aux menaces de la démagogie universelle?

— Un génie politique! répondent les partisans de l'Empire.

— Soit. Et après? Une Constitution et un enfant... peut-être!

En tout cas, un homme n'est qu'un roseau fragile qu'un souffle du ciel peut briser et qu'il brise souvent dans la main qui s'appuie sur lui et non sur Dieu. Dieu châtie parfois un peuple en lui retirant l'instrument dans lequel il avait mis une confiance trop humaine. Ici la foi parle comme l'histoire. Aussi combien les bons tremblent pour l'avenir! Combien les méchants nourrissent d'espérances insensées! L'Europe sent que le sol tremble sous ses pas, et que la lave de la démagogie veut faire éruption. Si elle brise les constitutions qui la compriment, c'en est fait, nous arriverons au despotisme d'un seul ou ce qui est pire au despotisme de la multitude; et les sages en voient déjà les symptômes dans l'anarchie des intelligences, le matérialisme des masses, la corruption des mœurs, la perfection des engins de la force et des rouages de cette pieuvre immense qu'on appelle BUREAUCRATIE.

A ce despotisme que je signale travaillent, en dehors des

rois séduits et des ministres qui les mènent, trois classes d'hommes partis de points opposés.

La première est celle des *satisfaits* et des *officieux* qui verraient un mouvement politique, une manœuvre des partis suspects à l'Empire, dans le prospectus d'une association de charité, dans la véhémence sacrée d'un mandement épiscopal, dans une petite prière qu'un catholique conseillerait à la France afin que Dieu éclaire ceux qui gouvernent, calme ceux qui s'emportent, réveille ceux qui s'assoupissent, soutienne ceux qu'on ébranle, et, s'il le faut, venge ceux qu'on écrase. On l'a vu plus d'une fois depuis le début de la question romaine, les cléricaux ont été accusés de conspirer, de mordre la main qui les avait sauvés, parce qu'ils pleuraient ouvertement et soupiraient trop fort dans l'oppression de leurs poitrines.

Ah ! les satisfaits ! les officieux ! Rien ne peut troubler leur ineffable béatitude ! La tristesse du visage est une protestation qui les offusque ; leur zèle commande à tout prix la confiance !

Je les tiens pour les plus grands fléaux d'un gouvernement.

En respectant la Constitution, les catholiques ont le devoir et le droit de les combattre, de réclamer, au risque de déplaire aux Bonifaces, les libertés nécessaires à la vie d'un peuple.

Sans doute, je reconnais que les croyances et les mœurs font la liberté, et qne nous sommes sans croyances et sans mœurs. Mais aussi nous demandons qu'on élève le peuple à la hauteur de ses besoins et de ses droits. Du reste, s'il fallait choisir, je préférerais la liberté avec ses orages au calme plat d'un gouvernement absolu. La tempête serait préférable à cette lourde paix de l'atmosphère où germent parfois les miasmes de la peste. Je ne dis pas que ce soit notre cas, je crie seulement : *Prenez garde ! Principiis obsta !*

On ne manque point aux égards qui sont dus au pouvoir,

en censurant les doctrines de ses amis, si elles semblent répréhensibles ; car les gouvernements succombent moins sous les attaques des partis que sous le poids des flatteries ineptes de leurs courtisans.

Soyons sans pitié pour les officieux : rien ne me paraît méprisable comme un journal, un livre, une brochure convertis en cassolettes où brûle un encens perpétuel.

Exemple : Nous intervenons au Mexique,—quelle sagesse ! Nous y dépensons des millions, — quel argent bien employé ! Nous nous conformons aux vœux des États-Unis fièrement exprimés, — quelle prudence ! Cependant nos victoires sont stériles, l'emprunt de cinq cent millions est perdu ou à peu près. Un empereur, établi sous nos auspices, est tombé victime de la politique anti-cléricale qu'on lui avait inspirée, enfin l'État du Mexique est pire qu'avant l'intervention française, — c'est la faute des circonstances dont il serait difficile que la nation se rendit compte ; elle se confie à la sagesse de l'Empereur, on a fait pour le mieux ; l'aventure mexicaine a eu tout le bonheur qu'elle pouvait avoir ; la France est satisfaite, le drapeau français a flotté sur Mexico !...

C'est très-beau pour un drapeau de visiter les capitales, et cependant... je méprise les officieux.

Ah ! les officieux ! ils ont perdu un empereur en lui imposant leur inepte politique d'expédients et de spoliations légales ; ils l'ont achevé en lui retirant leur protection ; qui pourra jamais les laver du sang d'un empereur !

Un jour, plus heureux qu'Archimède, ils ont eux-mêmes peint leur fatale impuissance dans l'accouplement monstrueux des deux mots qui forment leur titre de *catholiques indépendants !* O hybrides ! ô mulets politiques ! vous ne savez qu'agiter vos grelots et vos pompons !

La seconde classe d'hommes qu'il faut combattre à outrance

sur le terrain de la pensée, ce sont les *libres-penseurs, démocrates* ou *autres*.

La plupart font de la littérature un métier et ne reculent devant aucun scandale. Leur but suprême, c'est de se procurer trente ou quarante mille livres de rente. Le gouvernement qui voudrait s'en donner la peine mènerait loin ces sicambres avec un petit bout de ruban ! Ah ! libres-penseurs, poëtes, philosophes, hommes d'État, journalistes, avocats, savants, romanciers, boulevardiers, lanterniers, mâles, femelles, neutres, baladins, singes et bouffons ! Depuis 1830 vous allez de mieux en mieux ; la phalange grossit ; vous avez quelques sages et d'innombrables fous ; vous marchez de succès en succès ; encore un effort et vous aurez réussi à chasser Dieu de partout, excepté du ciel et de l'Église ; eh bien, libres-penseurs, voyons le bilan de votre industrie et de votre commerce.

Vous avez détruit la littérature et la poésie par le mercantilisme des lettres ; ATHALIE a été tuée par GANACHE, et IPHIGÉNIE, par la VÉNUS AUX CAROTTES.

Renan, dont l'Allemagne savante ne donnerait pas une pipe de tabac, passe pour un grand savant dans la France des libres-penseurs ; qu'a-t-il fait ? il a délayé dans une orangeade les breloques de Strauss et l'*identité des contraires*.

Vous dissolvez la famille et la société par le roman, le théâtre, le journal : encore si nous restions au rire sceptique des plaisantins du *Figaro !* mais la grosse caricature est en train de tuer l'esprit français.

Vous avez corrompu les mœurs par vos doctrines athées et matérialistes, en célébrant les danseuses et les prostituées de haut parage.

Le drame a fait une puissance de la femme libre. Grâce à vous, Thérésa et Cora sont les muses de la nouvelle France.

Vous avez perverti le sens moral en exhumant les scandales du demi-monde, en exposant à satiété les mystères du bagne, des bas-fonds de la grande ville, du boudoir, des lupanars, des alcôves adultères.

Des MARTYRS nous sommes tombés dans MONTE-CRISTO ; de MONTE-CRISTO nous tombons à ROCAMBOLE ; de ROCAMBOLE nous tomberons à plat dans les récits tout crus et tout saignants de la COUR D'ASSISE.

Qu'avez-vous fait de la France, ô libres-penseurs ? Pour la distraire de la politique vous l'avez amusée par une littérature plus que facile, par des romans où l'athéisme, le divorce, la révolte, le communisme, l'adultère, les amours libres, présentés avec toute la puissance du réalisme et de la passion, trouvent un libre accès au foyer domestique dont ils sont les détracteurs, dont ils seraient la honte, si les doctrines qu'ils enseignent y étaient mises en pratique.

Il s'est rencontré des hommes capables de les introduire dans les bibliothèques populaires. Il s'est rencontré un conseil municipal, et peut-être n'est-il pas le seul, assez inepte ou assez audacieux pour établir des pharmacies quasi-officielles de poisons littéraires. Où en sommes-nous donc, grand Dieu ! pour qu'en France l'Évangile, source de la civilisation française, soit exposé à n'être pas admis par un conseil municipal sur les rayons d'une bibliothèque, si l'on n'y admet également l'*Alcoran*, ce livre du fatalisme et de la religion des sens !

Vous parlez d'instruction et d'éducation populaire ; très-bien. Mais d'abord l'ouvrier lit peu, il a trop à faire pour gagner sa misérable vie. Or, s'il lit peu, faut-il employer ses courts loisirs aux lectures les plus utiles et les plus saines. Votre peuple sait-il l'histoire des arts, des métiers, de l'industrie, la partie descriptive de l'histoire naturelle ? Connaît-il les devoirs du citoyen et de l'homme, les premiers éléments pratiques du code civil, de la médecine domestique, de l'hygiène populaire ? S'il est malheureusement trop vrai que votre peuple est d'une ignorance brute sur toutes ces matières si grandes, si nobles, si utiles, pensez-vous lui donner le goût de l'étude en lui faisant lire des romans ? Et quels romans !

Les romans et les feuilletons peuvent donner le goût de la

lecture, mais détruisent le goût de l'étude. Ils sont funestes à la jeunesse dont ils exaltent l'imagination et les sens, dont ils pervertissent le bon sens et le bon goût. Ils la font vivre dans un monde imaginaire ou trop laid ou trop beau, jamais dans la vie réelle et pratique. C'est ce qui multiplie parmi nous les rêveurs, les utopistes, les mécontents, les natures paresseuses, les déclassés, les épouses incomprises, les filles romanesques, les idées noires, les aspirations insensées, suivies de déceptions amères qui amènent le suicide.

Le suicide ! Ce fut la maladie de Rome païenne blasée sur tous les plaisirs.

Eh bien ! vous savez que la contagion du suicide augmente parmi nous d'une manière alarmante et qu'elle se répand jusque dans l'enfance, cet âge insouciant auquel tout devrait sourire.

L'Angleterre a fait la guerre pour forcer la Chine à recevoir l'opium qui l'empoisonne et l'abrutit ; les libres-penseurs ont fait plusieurs révolutions afin d'obtenir la liberté du commerce pour leur absinthe et leur morphine littéraires.

Les cabinets de lecture jouissent du privilége de cette liberté. Ce qui les soutient ce ne sont pas les livres honnêtes et utiles, mais les collections saupoudrées d'immonde et d'impiété. Rien ne révèle les goûts du peuple comme un cabinet de lecture. Les livres les plus demandés ne sont pas les plus intéressants par le style qui les embellit, par les connaissances qu'ils renferment ; non assurément ; mais les ouvrages qui *travaillent le plus au profit de la boutique* sont ceux qui se recommandent par les intrigues amoureuses, les enlèvements, les vols, les duels, les assassinats, les exécutions capitales, les aventures tragiques, les tableaux érotiques et les déclamations sophistiques contre la fortune, la société, la hiérarchie, la religion. A la *crasse* populaire que les doigts des nombreux lecteurs ont laissée sur la couverture d'un livre on peut toujours deviner l'infiction morale du dedans.

Si cette dégradation du sens moral est une conséquence de

la liberté, je n'hésite pas à le dire, la liberté a tort ; mais heureusement là n'est pas la vraie liberté. Si un peuple veut s'empoisonner, le droit et le devoir des maîtres c'est de prohiber les poisons, du moins d'en surveiller l'emploi, d'empêcher ou d'atténuer autant que possible l'œuvre dissolvante des empoisonneurs.

Mais, dira-t-on, la littérature contemporaire et les romans en particulier empoisonnent-ils la génération française ?

L'Evangile nous offre un moyen bien simple de résoudre cette question. « *On connait*, dit-il, *l'arbre à ses fruits.* » Or (voyez en passant la différence des lunettes), chaque fois que M. le ministre de l'instruction publique se félicite du progrès moral de la nation, M. le ministre de la Justice constate une recrudescence d'attentats sur les personnes, de crimes accomplis par les lâchetés de la ruse, ce qui annonce un niveau moral plus bas que celui que produit la violence ; il avoue, dans cette confession publique de la nation qui s'appelle la *statistique criminelle*, une augmentation de parricides, de suicides, et un débordement effrayant d'immoralité. Et encore, c'est une immoralité qui choisit ses victimes dans l'innocence et la faiblesse, double degré d'abaissement moral.

Du reste, vous n'oseriez publier l'augmentation des courtisanes de toutes les catégories et vous faites bien ! car la France désespérerait peut-être d'elle-même, en voyant que ces égoûts, qu'une morale stupide affirme être nécessaires au torrent des passions bestiales, n'empêchent pas les naissances naturelles d'arriver pour Paris à un chiffre qui épouvante.

D'où vient cette gangrène ? Elle atteint plus ou moins tous ceux qui s'éloignent de l'Évangile, qui divorcent avec les principes d'une religion positive et adoptent l'athéisme pratique des libres-penseurs. « *On connaît l'arbre à ses fruits.* »

Ah ! Monsieur le ministre de l'Instruction publique, permettez-moi de m'adresser à vous un instant ; c'est bien naturel que j'y pense, en étudiant la Crise sociale que nous traversons ; car c'est vous qui avez reçu plus spécialement de l'État la noble et difficile mission de combattre les corrupteurs de la nation.

Que faites-vous, M. le ministre de l'instruction publique, pour moraliser la jeunesse des écoles et les *masses*, comme dit notre siècle matérialiste ? Vous faites de beaux discours, de plus beaux programmes et vous multipliez les écoles du soir ? Ce serait très-bien, si les écoles du soir n'étaient pas funestes à celles du jour. Il paraît d'ailleurs que ces écoles ne suffisent pas pour moraliser un peuple, si l'on en juge par le nombre assez grand des enfants naturels et des filles publiques dont ces jeunes Messieurs enrichissent le pavé de Paris.

Je ne dis rien de ces myrmidons qui allèrent à Liége poser en Titans, qui montrèrent le poing à Dieu en le menaçant de crever le ciel comme un plafond de papier. Je ne crains rien, allez, pour la voûte du ciel ; mais je ne puis m'empêcher, M. le ministre, de penser que ces petits poings gantés ont déjà crevé des parchemins où deux ou trois dynasties avaient écrit leurs immortelles constitutions.

Vous vous félicitez souvent des heureux résultats de l'instruction populaire, et, souvent aussi, sans penser à vous contredire assurément, M. le ministre de la justice vous démontre naïvement qu'il ne suffit pas de savoir lire, écrire, compter, dessiner, pour être un honnête homme. Cela n'est qu'un instrument ; l'honnêteté dépend de la manière de s'en servir.

Or, laissez-moi vous le dire, si vous décidiez une centaine de mille instituteurs à suivre la règle qui demande *les trois aunes de drap noir*, que vous savez, ils contribueraient puissamment, n'en doutez pas, à soustraire les classes populaires au matérialisme qui les ronge, qui détruit l'âme, la conscience, par conséquent le libre arbitre, fait de l'homme une machine irresponsable et le livre sans résistance et sans réaction aux anarchistes et aux despotes.

Vous admirez la douceur du lion populaire. Prenez-garde! de temps en temps des événements sinistres viennent nous avertir qu'il n'est pas apprivoisé, ce lion terrible; vous l'avez-vu à Roubaix, dans les Charentes et ailleurs. Il suffirait du Pénitentier du Levant, où l'incendie s'est allumé devant les plis d'une cravate rouge changée en drapeau démocratique, pour vous prouver que la graine de 93 n'a besoin que d'un orage pour pulluler et produire une abondante moisson de scélérats.

Croyez-moi, les *pantalons rouges* sont moins utiles à la nation que les *fameuses robes qui exigent trois aunes de drap noir*. Si vous avez à cœur d'humaniser les jeunes Français, imposez-leur l'étude du grec de Saint-Jean Chrysostôme, plutôt que le maniement du sabre et du Chassepot.

Tout a été dit sur vos cours secondaires des jeunes filles. Cette œuvre de la libre-pensée, si elle pouvait réussir sur la terre des Blanche de Castille et des Sévigné, détruirait les charmantes vertus de la femme, comme le brouillard tue les fleurs en commençant par les plus belles et les plus délicates. Les professeurs de femmes, pour la plupart libres-penseurs et déistes, quelques-uns même athées et matérialistes, détruiraient la famille chrétienne, ce souvenir de l'Éden. Leur éducation introduirait au cœur de la jeune fille le ver qui ronge et qui pourrit les fruits en commençant par les plus exquis.

J'ai signalé le mal, M. le Ministre de l'Instruction publique; voici quelques remèdes que vous proposent les cléricaux :

Régler la liberté, suspendre le Dimanche le mouvement industriel et commercial, délivrer ainsi les blancs de l'esclavage, afin que l'ouvrier puisse aller avec sa famille à son temple, à son Dieu, à l'air vivifiant de la campagne, à la contemplation de la nature, toutes choses qui l'attirent et le moralisent;

Propager dans l'école par les livres et surtout par les hommes, notez bien ce point-ci, les vérités religieuses et morales dont le Catholicisme est la plus pure et la plus énergique expression ;

Chasser des bibliothèques populaires les écrits des libres-penseurs qui, en définitive, ne croient à rien... pas même aux droits de la Constitution impériale ;

Fonder la liberté de l'enseignement supérieur dans toutes les facultés ;

Proclamer le droit des associations libres, scientifiques, industrielles, littéraires, ouvrières, charitables et religieuses ;

Tels sont les remèdes auxquels nous avons confiance. Daignez en essayer et la patrie vous mettra au nombre de ses bienfaiteurs.

Laissez à la Charité catholique la pleine liberté de vous aider à la grande œuvre de l'Instruction publique à laquelle vous consacrez vos généreux efforts ; détruisez ce réseau de lois qui nous enlacent et qui permettent aux administrations diverses de refuser par méfiance ou par haine des robes noires des legs de *trois cent mille francs,* pour ne parler que de la déplorable aberration du conseil municipal de Lille ; et dans dix ans, vingt ans, l'enseignement public ne coûtera rien à l'État ; vous aurez partout des écoles libres, nombreuses et florissantes. Vous le savez bien, M. le Ministre, la France et Paris même, *Paris surtout,* sont au-dessous de leurs besoins sous le rapport des établissements primaires. Vous n'ignorez pas que dans Paris des milliers d'enfants ne peuvent trouver place dans les écoles, et, ce que vous ne savez peut-être point et que je peux vous garantir, c'est qu'il est un trop grand nombre de ces établissements où les cours de récréation ne peuvent fournir à chaque enfant pour ses ébats que l'espace d'un demi-mètre carré. Et pourtant jamais les Finances ne furent dans un état plus prospère, si l'on en croit les rapports officiels et officieux.

M. Haussmann dépense des millions pour le Trocadéro, des millions pour le parc des Buttes-Chaumont, des millions pour la place du boulevard du Temple, etc., etc. On dépense des millions pour l'Opéra, des millions pour le département de la guerre, des millions pour la transformation incessante des pantalons rouges, des tuniques et des schakos, des millions pour les Chassepots et les canons rayés, des millions pour les casernes, encore des casernes et toujours des casernes! des millions pour les boulevards, toujours des boulevards! toujours des millions et des milliards! Quelle richesse! Quelle magnificence! Les Cléricaux aimeraient mieux des hôpitaux et des écoles. Ces vœux ne sauraient déplaire au philanthrope Monsieur Duruy.

Mais si vous comptez sur la sagesse philosophique, si vous prenez des demi-mesures, vous n'aboutirez à rien; car Jésus-Christ dit, vous le savez sans doute aussi bien que personne: *Celui qui n'est point avec moi est contre moi, celui qui ne recueille point avec moi dissipe.* Le Christ a dit encore: *Je suis la voie, la vérité, la vie.* Ici point de distinction possible. Le Christ s'est proclamé la vérité religieuse et morale, la voie du bien et du progrès, la vie domestique et sociale, la vérité artistique, littéraire et politique.

Sans le Christ et sans l'Église le levain du matérialisme corrompra de plus en plus les masses; en vain vous les disciplinerez par l'extension du militarisme; le militarisme ne régénère pas un peuple, au contraire, il diminue les sources de la population par le célibat forcé et par la corruption qu'il engendre. Or, la corruption c'est la dépopulation en détail, permanente, plus funeste que la guerre qui est la dépopulation en coupes réglées, mais transitoires.

Les statistiques parlent assez clairement, nous sommes en décadence, puisque la population française reste stationnaire, et même diminue, tandis que les autres nations nous distancent par un accroissement progressif et sensible. Depuis trente-huit ans nous sommes impuissants à peupler l'Algérie.

L'Algérie! Encore une plaie vive aux flancs de la civilisation moderne. Le Catholicisme s'offre au travail, à la prédication et au martyre pour faire de ces déserts si ingrats aujourd'hui ces campagnes fécondes qui nourrissaient jadis l'Italie. Le Catholicisme offre ses prêtres, ses frères, ses sœurs, ses trappistes pour faire là-bas une nouvelle France en cultivant les champs et les âmes, et la bureaucratie enlace le zèle divin qui fit partout et toujours des merveilles. La bureaucratie entortille l'Église dans ses filets souples, durs, innombrables, parfois invisibles ; et cependant la politique seule devrait nous convaincre qu'il faut absolument convertir l'Arabe à n'importe quoi ! parce qu'avec le Coran il gardera éternellement ses voluptés et sa paresse, son fatalisme et son fanatisme, sa haine des Chrétiens et des Français.

Pensez-y bien ; et ne comptez pas sur le fusil Chassepot et autres engins pour l'amélioration de la race arabe et de la race française, si toutefois on se marie avec la perspective de cet engin suspendu au chevet du lit conjugal. Je persiste à croire que les *robes de trois aunes de drap noir,* enseignant la religion à la jeunesse française, ne seraient pas sans quelque influence sur le progrès physique, intellectuel et moral de la nation et de ses colonies.

Il est une troisième classe d'hommes que nous devons essayer de tirer de leur engourdissement. Au gré de ces hommes, chrétiens timides, politiques du juste milieu indifférent, on ne saurait jamais faire assez de silence. La peur les rend semblables à cet oiseau stupide qui croit échapper à l'œil et à la serre de l'épervier en cachant sa tête sous une motte de terre. Ils se banderaient volontiers les yeux pour ne pas voir le précipice vers lequel on les pousse. Comme un malade se tue peu à peu en calmant ses douleurs par des doses trop répétées de morphine, les pusillanimes et les modérés détruisent aussi la vigueur des convictions, l'énergie de la conscience, en calmant sans cesse les angoisses de la peur par l'obstination répétée d'une espérance aveugle. Ces amateurs de la quiétude contribueront peut-être autant que les officieux et les libres-penseurs au triomphe de la Révolution, à l'idolâtrie politique, au Dieu État : Matière perfectionnée qui ne laisserait sur la terre aucune liberté, aucun droit, aucune activité propre en dehors de la sienne et mettrait les peuples sous une tutelle écrasante et honteuse, quelque brillante que fût la pourpre dont se revêtirait l'Idole et le Pontife, réunis ensemble dans Brutus et puis dans César.

En présence de tant de dangers qui nous menacent c'est un devoir pour tout homme de cœur de protester. Je le fais sans crainte, comme sans menace; respectueux pour le Pouvoir, juste envers ceux que je ne cesserai d'attaquer, tant que Dieu me prêtera un souffle de vie.

Soutenir le triple combat de la Foi, de l'Ordre et de la Liberté, c'est travailler à raffermir les institutions qui nous régissent. Au contraire qu'on laisse appliquer les doctrines des libres-penseurs avec cette expansion qui n'est dépassée que par l'indulgence qu'elles ont conquises, et l'Europe sera bientôt partagée en deux camps : celui des victimes et celui des bourreaux.

Que voulons-nous après tout?

Contribuer pour notre faible part à consolider, à répandre les principes d'autorité, de morale, de foi, de liberté qui ont fait de la France la plus grande et la plus sympathique des nations.

C'est le devoir de tout catholique. Et s'il m'était permis de faire arriver ma faible voix jusque dans les conseils où l'Eglise militante médite ses plans de bataille, je proposerais d'établir une vaste association pour la propagation de la Foi en France. Car il ne faut pas se faire illusion, tous les sauvages, tous les barbares, tous les païens ne sont pas en Afrique, en Asie, en Amérique, en Océanie ; la vieille Europe en possède en grand nombre, et les pires : c'est l'ouvrier et le paysan sans religion et sans principes, qui malgré l'habit bourgeois et quelque vernis de culture intellectuelle, restent, au fond, de véritables sauvages. Le paysan des Charentes et l'ouvrier de Roubaix sont partout répandus, tenant sur nos têtes le poignard des égorgeurs et le couteau de la guillotine comme l'épée de Damoclès.

Sans doute les prêtres sont nombreux et dignes de leur pénible mission. Mais que peuvent-ils pour les foules innombrables qui n'entrent jamais dans le temple? A chaque mal il faut un remède; il faut combattre l'ennemi par ses propres armes. A mon avis, ce qui manque à l'armée catholique, c'est la discipline, le mot d'ordre et des armes populaires, je veux dire des livres, des brochures, des journaux à la portée du peuple, faits pour le peuple.

Je voudrais donc que tous les bons catholiques, évêques, prêtres, religieux, tous les propriétaires qui tiennent à la religion de leurs ancêtres, tous les pères de famille qui peuvent disposer de quelques ressources, formassent par cotisation un immense capital destiné à inonder la France, l'Europe et le monde d'opuscules, de feuilles intéressantes où la religion et la morale se mêleraient avec mesure aux questions humaines, comme le sel aux aliments. Par là, nous conserverions le bien qui existe, nous dominerions le mal, nous ferions cesser les calomnies et les malentendus qui nous font passer pour les ennemis du progrès et de la liberté; nous enseignerions au peuple ses véritables droits et ses salutaires devoirs; nous l'éclairerions sur ses légitimes intérêts; nous mettrions à sa portée toutes les questions qui méritent d'occuper l'homme: questions politiques et questions religieuses, histoire et morale, travail et plaisir, science pratique, hygiène domestique, famille et patrie. Car la vraie religion ne promet pas seulement à l'homme le bonheur de l'autre vie, elle veut encore lui donner la félicité terrestre.

Il faudrait remplir la terre des douleurs, des prières, des cris d'alarme, des vertus, des gloires, des combats, des victoires, des promesses, des espérances de l'Eglise catholique. Oui, surtout des espérances; le passé raconte l'avenir, et nous pouvons annoncer avec la certitude du prophète des triomphes éclatants. Si, dans la crise présente que traverse la Papauté, le chrétien se reporte invinciblement vers les scènes lugubres et sacriléges de la Passion dont il serait facile de distribuer les rôles contemporains, il se rappelle aussi que la GRANDE VICTIME a dit à Pilate : « *Je suis roi et je suis né pour l'être afin de rendre témoignage à la Vérité.* »

A chaque crise sociale il faut une Passion nouvelle pour que l'Eglise enfante un ordre nouveau. La maternité virginale de la grande Ève n'est pas comme celle de la Vierge exempte de douleurs. Mais quand le chrétien est sur le calvaire, la tempête a beau se déchaîner et couvrir l'horizon de ténèbres, il entrevoit toujours un coin du ciel où il contemple un commencement des splendeurs du Thabor.

Je le répète, en empruntant une auguste parole : « *Je crois* « *au triomphe définitif des grands principes de morale et de* « *justice qui, en satisfaisant toutes les aspirations légitimes,* « *peuvent seules consolider les trônes, élever les peuples et* « *ennoblir l'humanité* » (1).

Oui, le triomphe de l'Église est assuré ; qui n'est pas avec elle périra ; qui s'insurge contre la PIERRE ANGULAIRE sera brisé.

Un vent du ciel pousse les peuples vers la démocratie ; mais il y a deux démocraties qu'il ne faut pas confondre.

Méprisons, maudissons, combattons la démocratie des libres-penseurs. Elle a soif du sang des rois et des empereurs !

Ah ! quelle dérision sanglante ! Victor Hugo, se posant en pontife de sa démocratie, envoie ses bulles ampoulées à son ami Juarez, pour l'exhorter à infliger à Maximilien le châtiment suprême d'un pardon républicain. Le démocrate ivre d'orgueil et de vengeance n'entend pas cette rhétorique, et renouvelle le drame sanglant des fossés de Vincennes. Le

(1) Discours de sa Majesté l'Empereur Napoléon III, du 1er juillet 1867.

Brutus mexicain a la logique du poignard. S'il n'a pas lu, il sait d'instinct la doctrine régicide hurlée dans les *Châtiments* de Victor Hugo. Dans les nuits qui ont suivi la victoire de l'indien, la CONSCIENCE a dû lui crier sans doute, en lui montrant l'empereur catholique, ce que le poëte fait dire par elle au conspirateur Harmodius :

« *Tu peux tuer cet homme avec tranquillité!* »

Et pourtant cette démocratie païenne ennemie des rois est une femme libre qui, toujours stérile d'enfants légitimes, a porté plus d'une fois dans ses flancs un César ou un Octave.

La liberté est de droit divin. Saint-Paul disait aux premiers chrétiens opprimés par le plus honteux despotisme qui fut jamais : « *Vous êtes appelés à la liberté.* »

Mais si le Christ ne délivre pas un peuple, il reste esclave ; et quand un peuple libre oublie l'Évangile, il retombe sous le joug du despotisme.

Rappelez-vous les aspirations, les luttes, les triomphes, les les excès, les fautes, les fureurs, les crimes et les chutes de vos aïeux. Ils disaient : Liberté ! Mais l'esprit de liberté ne les animait pas, car ils n'avaient pas la charité des enfants de Dieu. A peine débarrassés de leurs chaînes, pervertis par la libre-pensée, ils devinrent des despotes et des tyrans. Ceux qui n'avaient pas voulu des maîtres voulurent des esclaves. Ils criaient : fraternité ! Mais à ceux qu'ils appelaient leurs frères ils tenaient un langage plein d'orgueil, de haine, de colère, de menaces sanguinaires. Les opprimés devinrent oppresseurs et ils persécutèrent non pas seulement ceux qu'ils avaient renversés, mais encore tous ceux qui voulurent arrêter les combats, les vengeances, les triomphes aux limites de la justice.

La modération devint un crime digne de l'échafaud. Les proconsuls sans-culottes firent regretter les maîtres couronnés. Les sanglantes monstruosités de la Révolution rejetèrent le monde aux pieds de la Force et restaurèrent les idoles monarchiques. Depuis lors la monarchie absolue jouit de ses dernières chances et, il faut bien l'avouer, les prétentions et les fautes de la démocratie les augmentent tous les jours.

Depuis soixante-dix ans le peuple ou plutôt ceux qui font profession de le guider dans les voies du progrès repoussent obstinément le seul moyen d'obtenir des rois ou de leur imposer les libertés publiques. Ce moyen c'est l'application des principes de l'Évangile aux mœurs, aux lois, à l'enseignement, à la politique.

Mais que dis-je ? l'Évangile n'est pas seulement dédaigné; il est menacé, conspué, persécuté par le parti démocratique, comme il le fut par les sophistes du XVIIIe siècle et par les sanguinaires proconsuls de 93 dignes nourrissons de la philosophie.

Ce parti s'agite et ses écrits et ses promesses ont le privilége de passionner l'opinion publique. Ses journaux, ses pamphlets, ses apologies souvent ineptes de la Révolution obtiennent des succès fabuleux, une renommée passagère, il est vrai, mais que les œuvres honnêtes du talent et du génie ne connurent jamais.

Le triomphe de ces hommes serait un effroyable malheur. Dieu n'accorde la liberté qu'aux amis de la justice et de la concorde, à ceux qui respectent ses immuables lois.

Guides infidèles, les libres-penseurs égareraient bientôt les peuples dans les sentiers tortueux du mal; l'esprit de vertige règnerait dans leurs conseils et ils rouleraient tous ensemble dans les abîmes de la licence et de l'anarchie. Eh ! que peut-il sortir de l'anarchie, si ce n'est le despotisme? Si Dieu pour nous châtier, laissait tomber le Pouvoir auquel la France a remis ses destinées menacées par la Révolution, nous nous retrouverions immédiatement aux prises avec le crime politique. Car les avertissements que M. de Lamartine écrivait en 1830 sont malheureusement toujours vrais.

« Le crime a aussi son parti en France, l'échafaud a aussi « ses apôtres; mais le crime ne peut jamais être un élément

« politique; le crime est la plus anti-sociale des choses hu-
« maines, puisque la société n'est et ne peut être que de la
« morale et de la vertu. Ce parti est hors la loi du pays et de
« la civilisation; il est à la politique ce que les brigands sont à
« la société : ils tuent, mais ils ne comptent pas. La société
« n'a ni besoin, ni appétit de sang; elle n'a pas même à com-
« battre, elle n'a rien à renverser devant elle, tout est nivelé
« sous ses pas; cette admiration imitatrice pour les hommes
« et les œuvres de la Terreur n'est que du sophisme qui accom-
« pagne quelquefois le bourreau, comme il le précède toujours;
« c'est un arrière-goût de sang versé et bu dans notre époque
« de honte, que quelques insensés prennent encore pour la
« soif, et qui n'est que le rêve du tigre... » (1).

Eh bien ! ce parti du crime, qui suit toujours la liberté, comme le requin un navire, c'est lui qui deux fois dans un demi siècle a rendu la dictature nécessaire à la France. Avec de tels hommes une nouvelle République courrait les mêmes dangers, puisque le crime n'a pas abdiqué ses fureurs, ni la libre-pensée sa haine du Catholicisme. La démocratie des libres-penseurs opprimerait l'Église et le parti du crime nous dégoûterait de la liberté.

Pour fuir la gueule des requins affamés, le navire désemparé par la bourrasque, faisant eau de toutes parts, regagnerait au plus vite le passé ; le port le plus précaire lui paraîtrait bon; heureux s'il rencontrait pour la troisième fois un pilote assez habile pour réparer ce vieux vaisseau et le lancer encore à travers les dangers du calme, des écueils et des tempêtes.

C'est le parti des libres-penseurs et celui du crime qui menace tous les jours l'Espagne et l'Italie d'un destin aussi triste que ridicule. Dieu ne donne pas en effet à tous les peuples un César, un Napoléon pour les arrêter sur la pente des abîmes. C'est pourquoi si la Révolution triomphe en Italie et en Espagne, les Garibaldi, les Prim, les Topete, les Pierrard,

(1) Lamartine. *La politique rationnelle.*

tous les petits despotes enfarinés de démocratie, nous réservent le spectacle d'une sanglante comédie. Sur la terre classique des Pasquin et des Don Quichotte, « le plus obscur soldat « prendra le chapeau étriqué et la redingote grise, se croira un « Bonaparte; sabrera la civilisation et la liberté, et dira : Mon « peuple! jusqu'à ce qu'on s'aperçoive que le héros n'est « qu'un paillasse et qu'on en cherche un autre qui porte moins « mal la tyrannie et pare mieux la servitude » (1).

Là, sans doute, le succès ne serait que partiel et la démagogie se consumerait elle-même. Mais si l'anarchie triomphait en France, où et quand s'arrêterait-elle? Seul le despotisme moscovite résisterait peut-être au torrent déchaîné et alors l'Europe pour échapper aux démagogues s'estimerait heureuse de devenir Cosaque !

Pour écarter ces malheurs et pour réaliser enfin les légitimes espérances des peuples, espérances vingt fois séculaires, toujours déçues, appelons de tous nos vœux la démocratie chrétienne qui peut donner la main aux rois de vieille ou de jeune race. Applanissons les voies à cette démocratie évangélique qui vient conduisant devant elle la Liberté sainte, l'humble Égalité, la Charité fraternelle, ces trois sœurs immortelles sorties des flancs du Christ transpercés sur le Calvaire par la lance d'un soldat de César.

A ELLE L'AVENIR !

Ces trois symboles peuvent être une réalité même sous le sceptre des rois, de tous ceux au moins qui se décideront enfin à lever, à détruire le sceau des législations païennes qui tient renfermés la Charte divine, le levain libéral de l'Evangile.

Les armées du despotisme et de l'anarchie, de l'ordre et de la liberté, du bien et du mal, se préparent et se rassemblent; seulement où est le général? Où est le génie assez pur, assez grand, assez dévoué pour comprendre enfin que presque tou-

(1) Lamartine. *La politique rationnelle.*

jours la politique n'a réussi qu'à creuser des abîmes et ne les a comblés qu'avec des cadavres, parce que la force a été son unique loi et le succès sa seule sagesse. Il aura l'empire du monde ce génie qui comprendra enfin que la grandeur de Charlemagne a été durable parce qu'il subordonna son œuvre à la seule politique dont on puisse dire : c'est une science certaine, applicable à tous les temps, à tous les peuples, à tous les régimes. Elle a des principes arrêtés et clairs, des moyens toujours avouables, un but unique, c'est-à-dire le bien matériel et moral non pas d'un peuple, mais de tous les peuples.

Depuis Constantin jusqu'à nos jours, les hommes n'ont fondé un ordre nouveau quelque peu durable et bienfaisant qu'avec les éléments tirés de l'Évangile. L'Évangile seul est le code de la vie. C'est la politique humanitaire, tous ses germes sont divins, et divin aussi son grand instrument de conquête. J'ai nommé le dévouement qu'enseigne la Croix. Les empires ont péri tués par les éléments païens qu'ils avaient mélangés à la constitution chrétienne. Il s'agit de souffler sur un chaos pour enfanter un nouvel ordre de choses. L'esprit de vie soufflera sur ces germes en travail. Le salut est dans le CONCILE UNIVERSEL, si les gouvernements n'en arrêtent pas les décisions divines par l'immense réseau des lois césariennes, par les sophismes d'un enseignement indifférent, quand il n'est pas anti-chrétien.

L'empire est à l'homme ou au peuple qui prenant les codes humains y effacera d'un trait de plume ou d'un coup d'épée tout ce qui n'est pas conforme à l'Évangile. L'empire est à celui qui prenant la Croix la plantera résolûment dans les sanctuaires de la législation et dans les camps à côté du drapeau, pour qu'elle brille sur toutes les forces réunies de la matière et de l'esprit. Seuls les peuples nés et nourris de l'Évangile sont robustes, heureux et libres.

Une grande prophétie fut prononcée à Rome au commencement du pontificat de Pie IX et sous ses auspices par le célèbre orateur qui faisait l'oraison funèbre d'O'Connell, le pacifique agitateur de l'Irlande, le grand promoteur de la liberté religieuse en Angleterre. Voici ses paroles ; elles résument et concluent admirablement cette étude sur la CRISE SOCIALE que nous traversons.

« A la fin du Bas Empire, l'Eglise qui ne dédaigne point, « mais qui recherche, qui ne méprise point, mais qui accueille « et sanctifie tout ce qui a force et vie, se tourna vers la Bar- « barie dont les mains avaient fait justice des misères et des « fautes de l'Empire Romain, elle lava sa tête avec un peu d'eau, « oignit son front d'un peu d'huile et en fit le miracle de la « monarchie chrétienne. Si donc, un jour, les successeurs des « chefs barbares, se laissant pénétrer par l'élément païen « essentiellement despotique, renoncent à l'élément chrétien « essentiellement libéral, parce qu'il est tout charité et ne « veulent plus comprendre la doctrine de la liberté religieuse « des peuples et de l'indépendance de l'Église qui fit la sécu- « rité et la gloire de leurs ancêtres, l'Église saura bien encore « se passer d'eux ; elle se tournera vers la Démocratie, elle « baptisera cette héroïne sauvage ; elle la fera chrétienne, « comme elle a déjà fait chrétienne la Barbarie ; elle impri- « mera sur son front le sceau de la consécration divine et lui « dira : RÈGNE ! et elle régnera. Oui les gouvernements n'ont « d'appui, de salut, de défense, de probabilité de durée qu'en « donnant à l'Église la liberté qui lui appartient, en traitant et « en respectant les peuples comme enfants de Dieu. » (1).

Je m'arrête à cette prophétie.

Et maintenant, ô rois, comprenez les devoirs de votre charge auguste et les intérêts de vos dynasties menacées par la Révolution universelle.

Et vous, peuples, sachez que seule la vérité du Christ vous

(1) *Ventura* : Oraison funèbre d'O'Connell.

délivrera des oppresseurs et vous constituera dans la plénitude de vos droits et de vos libertés. La libre-pensée vous laissera dans la nuit profonde. C'est un pilote aveugle et fameux par les naufrages qu'il a déjà causés. N'ayant rien oublié, ni rien appris, elle ne sauvera pas de nouveaux écueils le navire qui porte vos destinées dans la tempête que le monde traverse ; seule l'Église catholique peut, sur les fondements que supporte la PIERRE ANGULAIRE, élever un phare assez haut, assez brillant pour éclairer tous les rivages et l'Océan toujours orageux où vogue le genre humain.

Typ. Seringe Frères, place du Caire, 2.

www.ingramcontent.com/pod-product-compliance
Ingram Content Group UK Ltd.
Pitfield, Milton Keynes, MK11 3LW, UK
UKHW032007260826
14628UKWH00005B/2323

9 782019 659608